I0187635

Agradecimientos especiales y Reconocimiento

Dedicado con amor a mi abuela Virginia y a mi mamá Diane.

A mi familia y amigos que crecieron conmigo en Tucson; a mi primer maestro,
entrenador y querido amigo Gary.

A todos mis entrenadores que me han enseñado cómo vivir con integridad y humildad
Coach Scurran, Becky Bell y Coach Wright.

A mis maestros de Atención Plena que me han ayudado a cambiar mi perspectiva,
Valeta y Rolf y tantos otros que me han inspirado enormemente.

A mis queridas amigas Marcie y Karina que siempre me han apoyado con su cariño
y amistad y a mis queridas amigas Stephanie y Talie que fueron tan generosas
con su tiempo y creatividad, ayudándome a llevar este proyecto a su fin.

Pero sobre todo....
mi gratitud, amor y mi corazón a mi esposo e hijas
que han cambiado todo en mi.

Con todo mi amor, bb

¿Cómo ves el mundo? Por Banni Bunting
Primera Edición

Texto @ 2019 Banni Bunting • Portada e Ilustraciones @ 2019 Teafly Peterson

Todos los derechos reservados.

Ninguna parte de éste libro puede ser reproducida en forma alguna, ya sea electrónica o mecánica, sin la autorización previa por escrito del autor.
La única excepción sería en un comentario que cite pequeños extractos del mismo. Impreso en los Estados Unidos de Norteamerica.

ISBN: 978-1-7341347-0-4

Para el programa de acompañamiento de Atención Plena, porfavor visite:
www.BanniBuntingMindfulness.com

¿CÓMO VES EL MUNDO?

UN LIBRO DE ELECCIONES CON ATENCIÓN PLENA

Por Banni Bunting

con ilustraciones de Teafly Peterson

¿Cómo ves el mundo?

En ocasiones
observo que,
cuando tengo curiosidad y
hago preguntas,
esto me ayuda
a entender
mejor las cosas.

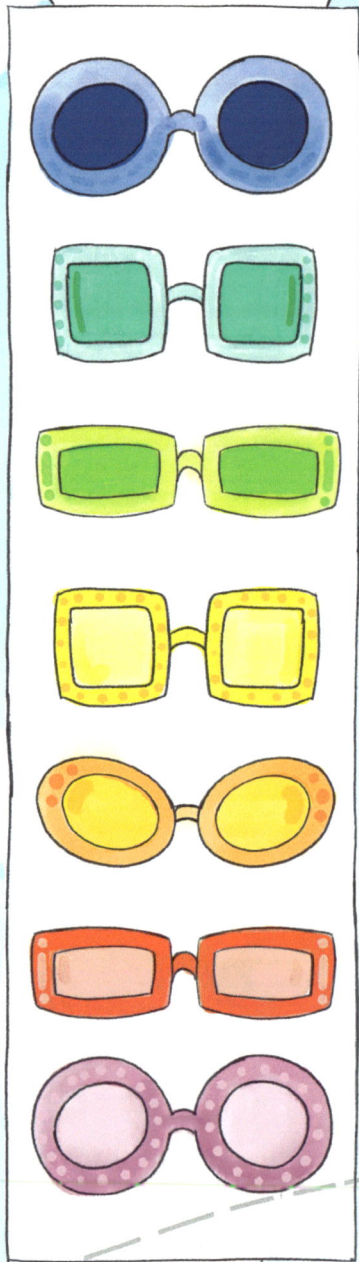

Cuando miras a tu alrededor,
¿cómo ves el mundo?

Algunas veces cuando miro a mi alrededor,
es como si mirara el mundo a través
de diferentes lentes de colores...

Cuando me siento triste,
el mundo se ve oscuro como
si trajera unos lentes
con micas opacas y grises.

Nada parece tener sentido.

No me gusta este sentimiento
en mi interior.

Es como si el tiempo se parara.

Me siento
atorado,
solo y perdido.

Ni la broma más
graciosa me
hace reír.

Otras veces, me siento feliz como si llevara puestos unos lentes brillantes con micas amarillas.

Todo se ve soleado y brillante.

Mi entorno se ve hermoso y me siento esperanzada.

Sonreir es muy fácil y
se siente muy bien en mi cara.

¡Nada me puede entristecer!

¡Pero las micas de mis lentes pueden cambiar
rápidamente y no se por qué!

Algo que no me molestaba ayer,
puede de repente frustrarme.

Veo el mundo a través de micas rojas y brillantes.
¡Me siento enojada!

Todo se mueve rápidamente, gira con velocidad y no me puedo detener.

Cuando veo en color rojo, es imposible mantenerme serena.

Digo las cosas equivocadas.

Hago las cosas de forma incorrecta

Me meto en problemas.

Siento que pierdo el control.

Entonces, ¡mis lentes vuelven a cambiar otra vez!

Ahora me siento
con confianza, como si
estuviera viendo a través
de lentes vibrantes y anaranjados.

Me siento fuerte,
sabiendo que todo
es posible.

¡Me siento vivo!

En otras ocasiones,
me siento tranquilo y contento,
como si estuviera viendo
el mundo a través de lentes
claros y transparentes.

Es muy fácil ver...es muy fácil ser.
Todo tiene sentido y nada me molesta.
Me siento cómoda y a gusto en mi propio cuerpo.

Veo con claridad.

GENEROSIDAD

COMPASIÓN

Estando tranquila y viendo a través de éstos lentes claros y transparentes, comienzo a entender....

Que hay muchas maneras de ver el mundo, no sólo como yo lo veo a través de mis diferentes colores de lentes.

Me doy cuenta de que puede haber un tipo de lentes diferente, lentes que, sin importar como me esté sintiendo en ese momento, me pueden ayudar a calmar mis diferentes emociones.

Quizás estos lentes especiales me pueden ayudar con cualquier cosa agradable o desagradable que esté sintiendo.

VALENTÍA

PACIENCIA

RESPETO

ibilidad

Quizá puedo elegir ver el mundo a través
del lente de la amabilidad.

Siendo amable conmigo mismo y con los demás me
ayuda a sentirme feliz áun cuando estoy triste,
recordándome que pertenezco a la Humanidad...

Viendo a través del lente de la amabilidad,
me siento más cercano a los demás, hasta a las personas que no conozco.

La amabilidad cambia mi forma de ver el mundo y me recuerda
cómo debemos de tratarnos unos a otros.

ratitud

Tal vez puedo elegir ver el mundo a través del lente de la Gratitud.

La gratitud me ayuda a sentirme agradecido por todas las cosas buenas que tengo en mi vida, en vez de preocuparme por las que no tengo.

La gratitud me ayuda a apreciar las cosas que no siempre me detengo a observar.

Ver a través del lente de la gratitud me ayuda a ver el mundo de forma diferente, ¡lo aprecio mucho mas!

Perdón

Tal vez puedo elegir ver el mundo a través del lente del perdón.

Puedo aprender a perdonarme a mi mismo y a los demás por no ser perfectos y por cometer errores, sabiendo que los errores forman parte de ser humanos.

El perdón me enseña que no siempre me tengo que tomar las cosas de forma personal.

Me ayuda a recordar mi propia bondad y me ayuda a ver la de los demás.

Hasta me doy cuenta de que el perdón es un gran regalo para los demás y para mi mismo, me ayuda a sentirme en paz en el mundo.

Tal vez puedo elegir ver el mundo a través del lente de la empatía.

La empatía me ayuda a relacionarme con los sentimientos de los otros, poniéndome en sus zapatos.

Mirando a través del lente de la empatía, puedo ver nuestras similitudes en vez de enfocarme en nuestras diferencias.

ESPERA UN MOMENTO

Nos hace falta
un lente y puede ser
el más importante de todos.....

¿Qué tal
el del....

¿Podremos elegir ver el mundo desde nuestros corazones?

¿Qué pasaría entonces?

¿Nos sentiríamos
más conectados
unos a otros?

¿Eligiendo el lente
del Amor nos acercaría
mas unos a otros?

Tengo curiosidad,
¿Qué pasa cuando
estamos atentos
y nos damos cuenta
del lente que
elegimos ponernos?

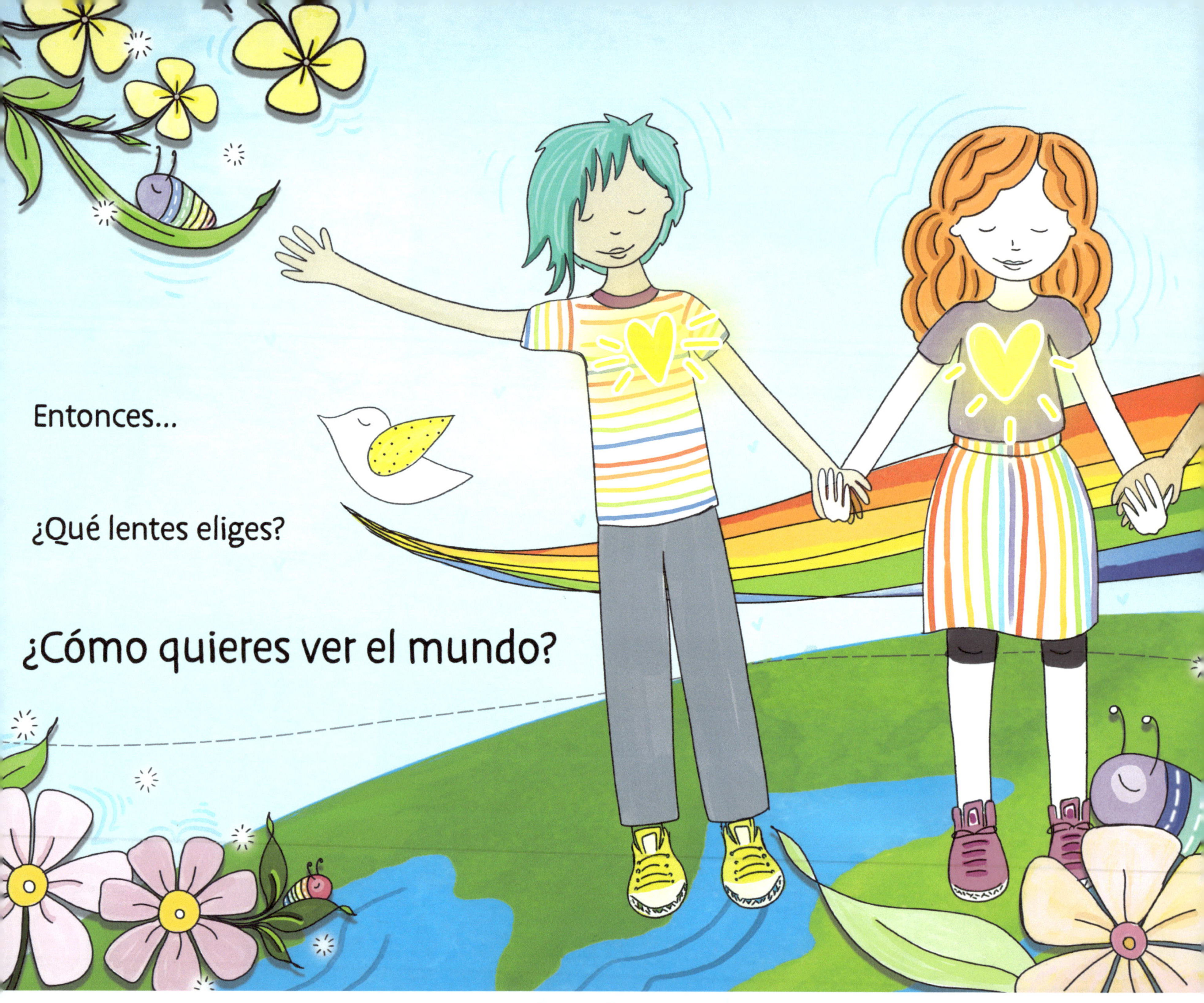

Entonces...

¿Qué lentes eliges?

¿Cómo quieres ver el mundo?

PREGUNTAS PARA CONECTAR

Usa estas preguntas para ayudarte a tener conversaciones más profundas con tu hijo y practicar la Atención Plena en el día a día.

Amabilidad

Recuerda una ocasión en la que dijiste o hiciste algo con amabilidad. ¿Cómo te hizo sentir? ¿Cómo crees que se sintió la otra persona con tu amabilidad? ¿La amabilidad es algo que puedes elegir?

Gratitud

¿Puedes pensar en 3 cosas por las cuales te sientes agradecido y por qué? ¿Qué se siente mejor? ¿Enfocarte en las cosas buenas de tu vida o enfocarte en las malas? ¿Puedes elegir en cuáles enfocarte?

Perdon

¿Alguna vez has cometido un error? ¿Como se sintió? ¿Aprendiste algo de ello? ¿Pudiste perdonarte a ti mismo? ¿Puedes perdonar a los demás cuando cometen errores? ¿Algunas veces mantienes a personas fuera de tu corazón? ¿Como te hace sentir eso?

Empatía

¿Alguna vez te has puesto en los zapatos de los demás? ¿Entiendes por lo que están pasando y lo que están sintiendo? ¿Te parece fácil entender cómo se sienten los demás? ¿Qué es lo que tienes que hacer para entender los sentimientos de los demás? Para éso, ¿tienes que poner atención? ¿Te ayuda el no distraerte?

Amor

¿Qué es lo más importante para ti en la vida? ¿Qué es lo que amas? ¿Qué es lo que amas de ti mismo? ¿Qué es lo que amas de los demás? ¿Qué hace que sientas campanas en tu corazón? ¿Cuales son tus sueños más grandes y tus mayores esperanzas?

PLENITUD DE CORAZÓN

La plenitud de corazón, que también se conoce como amor bondadoso, es una actividad que puedes practicar todos los días para profundizar tu práctica de Atención Plena. Puede tomarte desde 30 segundos hasta 10 minutos dependiendo del tiempo que quieras practicarlo.

Puedes intentar practicarlo al despertar por las mañanas, antes de ir a la cama o quizá cuando te sientas triste. La plenitud de corazón nos ayuda a sentir los corazones más ligeros y a cambiar de lente según queramos ver el mundo. También es divertido practicar la plenitud de corazón y mandárselo a los animales cuando estamos caminando en la naturaleza..

¡Inténtalo!

Para practicar, comienza por cerrar tus ojos y suavemente pon tus manos en tu corazón.
Enseguida, respira profundamente, exhala suavemente y comienza mandándote amor bondadoso a ti mismo.
Ya sea en silencio desde tu interior o en voz alta, repite las siguientes frases. Debes de saber que puedes repetir estas frases todas las veces que tú quieras.

Que pueda yo estar sano y seguro
Que pueda yo estar feliz y ser bondadoso
Que pueda yo tener entendimiento y ser compasivo
Que pueda yo vivir en paz y tranquilidad

Una vez que termines, observa cómo el enviarte amor bondadoso te hace sentir. Puedes enviar amor bondadoso a los demás, incluyendo a animales y mascotas.
Qué pueda yo... o Qué todos los seres puedan...

Sé creativo con tus palabras y tus frases, enviando lo que tú y otros más necesitan. Y siempre recuerda hacer una pausa para darte cuenta de cómo te sientes en tu interior cuando practicas amor bondadoso.

¡Qué tú también te sientas en paz y seas feliz!

Sobre el autor: Banni Bunting

Banni Bunting es una facilitadora de Atención Plena quien hizo su entrenamiento en UCLA, además es miembro de la asociación internacional de maestros en Mindfulness (IMTA). Banni se ha preparado con Jack Kornfield, Tara Brach, Diana Winston y Rolf Gates. En los últimos ocho años se ha enfocado principalmente en llevar la Atención Plena a las aulas, trabajando con escuelas locales. Fué tri-campeona nacional de tenis, agente del FBI y ahora es esposa y madre. Banni vive actualmente en Bend, Oregon.

BanniBuntingMindfulness.com

Sobre el dibujante: Teafly Peterson

Teafly Peterson es una artista visual y de actuación que creció en la costa este de los Estados Unidos y se aventuró a vivir en el oeste, aterrizando en Bend, Oregon, lugar que llama "hogar" desde hace veinte años. Teafly trabaja con varios medios, incluyendo el dibujo, la pintura, creando películas y fotografía, poesía narrada y activismo. En el pasado, creó una línea de papelería para Madison Park Greetings, marionetas de 8 pies para ayudar a crear consciencia en los niños sobre el planeta y exposiciones de fotografías de viajes apoyando la igualdad y los derechos de la comunidad LGBTQ+. Sus actividades favoritas son la natación, cantar canciones de David Bowie, acariciarle la panza a su gato, y le gustan los arboles.

Teafly.com

www.ingramcontent.com/pod-product-compliance
Lightning Source LLC
Chambersburg PA
CBHW042107090426

42811CB00018B/1874